実力を発揮するための

スポーツメンタル実践法

衣川竜也

三恵社

まえがき

本書は、多くのアスリートの活動が充実したものになればと思い書きました。

アスリートからの相談を受けコーチングを行ったり、チームの強化に携わってきた中でアスリートにとって必要だと感じた考え方や知識についてまとめています。


では、はじめに少し自己紹介をさせて頂きたいと思います。

私は、アスリートのメンタルトレーナーとして活動している衣川竜也と申します。


アスリートのメンタルサポートは、小学生からトップレベルの選手まで、幅広く担当しています。

相談の内容は、競技力を上げるため、イップスやスランプを克服するため、競技に支障をきたしている心の悩みを解決するため、競技をする上で生じる人間関係の悩みなど、さまざまです。


メンタルサポートは、アスリート個人からの依頼もあれば、チームから依頼を頂くこともあります。

また、スポーツ教室、スポーツチーム、指導者やトレーナーの研修会で話をさせて頂くこともあります。

これまでに多くのアスリートやいくつかのチームのメンタルサポートを行ってきた中で感じていることは、自分の力をしっかりと発揮できるようになる選手は、メンタル強化のための取り組みが習慣化できるということです。

一定期間は、メンタルトレーナーのサポートを受けたとしても、その時だけの取り組みとして終わるのではなく、サポートを受けた影響が選手の考え方、取り組み方に反映され、課題の自己解決力や自己成長力の向上につながっていることが望ましいと考えていますし、そのような影響を与えることができるように意識をしてアスリートに接しています。

アスリートは競技生活の中で、競技力を高めていくことが求められます。そして、試合では勝敗を競う緊迫感の中で積み上げてきた実力を発揮することが求められます。

自分の競技力を高めることも、その力で勝敗を競うことも強い精神力が必要であるため、自分の心の状態をコントロールできるようになることが理想的です。

また、競技生活には引退が待っているので、セカンドキャリアをどのように歩んでいくかという課題があり、新しいキャリアを切り開いていくためにも自分と向き合い、決断し行動する力が必要になります。

メンタルコントロールは、アスリートにとって競技生活、競技後の生活を生き抜くための精神力を養い、維持するための技術です。


私はアスリートのメンタルサポートは、アスリートがメンタルトレーナーとの関わりを通じてメンタルコントロールという技術を身につけ、選手としても一人の人間としても自立心が養われるように援助することが大切だと考えています。

本書もこのような考えに基づいて書いています。

本書は、メンタルコントロールの技術を高めることを目的としているので、競技力を向上させるため、そして人生を豊かにするためのツールとして活用して頂けると幸いです。

補足

本書の中では、心について『心』と表現している箇所と『メンタル』と表現している箇所があります。

心自体の説明をする時には『心』と表現しており、強化とコントロールの対象として心を説明する時は『メンタル』と表現しています。

同じ言葉がたくさん出てくるので、心に関する表現を使い分けています。

その点を踏まえて読み進めていって下さい。

「実力を発揮するためのスポーツメンタル実践法」　目次

序章

本書のコンセプト

本書を読み進めていただく前に、本書のコンセプトについて説明をしておきたいと思います。

本書の内容は、最初から最後までメンタルをコントロールする力を養い、自分の力を発揮できるようになるというコンセプトに沿って書いています。


メンタルコントロールができているアスリートは、自尊感情が安定していて自分のことについて客観視することができています。

また、生活の中で起きることを冷静に分析して対処しています。

さらにビジョンが明確で、目的を立てて自分の行動を管理することができています。

自分の心身の状態をより良く保つということもメンタルコントロールができているからこそ可能になるのです。

試合では、戦うための心身の準備が結果を左右します。

多くの人は、試合で力を発揮するために心を強く持とうと意識すると思いますが、〝緊張してはいけない〟、〝不安を感じてはいけない〟、〝ポジティブなことを考えなければならない〟など、心の強さについて間違った認識を持ってしまうと、メンタルコントロールは上手くできません。

試合に向けてのメンタルコントロールとは何かという点も本書の中で学んで頂きたいポイントです。

スポーツで目的を達成するためには、試合に向けて競技力を向上させるために日頃のメンタルコントロールが重要になります。

そして、試合当日は、身につけた競技力を発揮するためのメンタルコントロールが重要になります。

本書は、この2つのメンタルコントロールについて必要な知識を学ぶことができます。

本書の使い方

本書は、最初は最初から順を追って読み進めて頂きたいのですが、読み進めながら、自分にとっての課題だと感じることが書かれているページに付箋で目印をつけてみて下さい。

そして、自分の心を安定させるため、成長させるためにいつでも確認できるように持ち歩いて頂ければと思います。

心は些細なことで落ち込んだり、迷ったりと不安定になりやすいものです。
そんな時に自分を保ち、コントロールするための手掛かりとして活用して下さい。

第一章

メンタル強化の必要性

心がパフォーマンスに与える影響は大きい

スポーツで最高のパフォーマンスを発揮するための要素は、フィジカル、スキル、そしてメンタルに分類することができます。

このうちフィジカルとスキルは、試合の前日までに身につけたものが、試合当日になって簡単に低下することはありません。

余程のことがない限り、急に筋力が落ちることはないし、技術を忘れてしまうこともありません。

しかし、メンタルだけは、昨日まで充実していたのに、朝は調子が良さそうだったのに、些細なことで試合前や試合中に崩れます。

対戦相手を見ると強そうだったから不安になった、会場を埋め尽くす観客を見て圧倒されてしまった、試合中に思うような展開にならずに動揺した、と一つのことがきっかけで心が不安定になり、パフォーマンスが発揮できなくなります。

このように些細な刺激でも短時間で崩れてしまうのがメンタルなのです。

スポーツをする時だけでなく、日常生活の中でも一つのことをきっかけに心理状態が変化することは、誰しもが体験したことがあると思います。

例えば、テストで一〇〇点を取って気分が良かったのに、家に帰ると財布を落としたことに気づいて一気に心が動揺して、その後に落ち込んだ。

しかし、よく見るとカバンの中に入れていることが分って、ホッとして気持ちが落ち着いた、というように人間の心の状態は、短い時間の中でも出来事（刺激）によって大きく変化するのです。

メンタルとは、状況の変化によって一瞬で変化することがある。不安定なものだからこそ、アスリートも人間の心理に関する知識、心を安定させる技術を持っておくことが必要です。

スポーツは勝敗を競うものだからこそ緊張が生じ、一つの試合の中で急に展開が変わるからこそ心が揺さぶられます。

スポーツの試合は、心が試される場面がたくさんあるので、自分の力を発揮するため、相手に勝つためには、フィジカルとスキルだけでなく、メンタルの強化が必要なのです。

鍛えたフィジカルと磨いたスキルを十分にパフォーマンスに反映させるためには、メンタルの安定は欠かせない要素です。

本書では、自分のメンタルをコントロールする力を身につけるということがテーマになっているので、内容を理解しながら読み進めて頂きたいと思います。

メンタルをコントロールする力とは

メンタルとは心のことですが、心の働きはどこで生じるかというと、それは『脳』の中です。

メンタルをコントロールするということは、脳の働きをコントロールするということなのですが、それには正しい知識と技術が必要となります。


なぜ、メンタルをコントロールするために知識と技術が必要なのかと言うと、それにはいくつかの理由があります。

その理由とは次の四つです。

・心の状態は意思の力でコントロールすることが難しい。
・心とは何かを知らないために、コントロールする対象が把握できていない。
・脳の働きをコントロールする思考力が育っていない。
・脳の働きをコントロールする方法を知らない。

ここから先を読み進めて頂くと、この四つの理由について理解が深まると思います。

まずは、心という漠然としたものをどのように捉えておくと良いのかという説明から始めていきます。

心を要素に分けて理解する

メンタルの強化を考える時、まずは心をいくつかの要素に分解してみると理解がしやすいかと思います。

心とは何かを把握するためには、いろんな視点から心を捉えることができますが、まずは心を欲求、感情、思考、意志、行動の五つに分けて把握してみましょう。

・欲求 ―― 刺激を受けて生じる心理的、生理的に満たされたいと思う心の働き。
・感情 ―― 刺激や欲求、記憶などから生じる快と不快、好き嫌い、不安や恐怖など。
・思考 ―― 考えや思いを巡らせる心の働き。知識や経験の影響を受ける。
・意志 ―― 物事を実行するための決断。前向きな心の働き。
・行動 ―― 欲求、感情、思考、意志などがエネルギーとなって生じるもの。

このように心を要素に分けて考えることで、メンタルを強化するためにはどの要素に対するアプローチが必要なのかを検討することができます。

人間の欲求や感情は、外部からの刺激や体の中で起きる働きの影響を受けて発生するので、自分の意志だけでは発生させることも、発生を止めることもできません。

それに対して、思考、意志、行動は自分の意志でコントロールすることが可能です。

感情
意志
欲求
思考
行動

『今から練習メニューを考えよう』、『プロになることを目指すことに決めた』、『毎日素振りを五〇〇回するぞ』など、思考、意志、行動の方向性は自分で決めることができます。

スポーツなら、不安感や恐怖心などが生じること自体は止めることができませんが、それらがパフォーマンスを低下させないために対処をすることは可能です。

パフォーマンスの質を左右する欲求や感情に対して、自分の意志でコントロールすることが可能な思考、意志、行動によって対処をするのです。

本書では、その対処となる知識や方法をお伝えします。

補足 ―― 意思と意志の違い

意思とは、何かを思う、考えるという心の働きで思考している時に生じている力であるのに対して、意志は『〜をする』という強い決断であり、持続する心の力です。

本書の中では、意思とは考えをめぐらすことで、その結果何かを決断した時点の心の働きを意志として書き分けています。

メンタル強化に取り組む前に

心とはどういうものかという視点から、メンタル強化の必要性について理解して頂いた後は、メンタルを強化するための土台となる考え方をお伝えしたいと思います。

心とはどういうものかについて理解することと同じように、メンタルを強化するということは、どういうことかを知っておいて頂くことがメンタルを鍛える上で大切になります。

心を強く保とうとしているけど、そのことによってパフォーマンスが低下してしまう人がいますが、そのような人は、〝緊張しないこと〟、〝動じないこと〟、〝我慢強いこと〟が、メンタルが強い状態だと思っている傾向があります。

このような認識だと、心の働きに無理やり抵抗してしまうような思考が働き、自分の力を上手く発揮できなくなってしまう恐れがあります。

心の強さに関する間違った認識が招く問題をいくつか取り上げてみたいと思います。

・調子の悪さを隠して練習をしていてケガをした。
・心理的な重圧や周囲からの嫉妬に耐えていると心の調子を崩した。
・緊張していないと強がっても、試合では体が上手く動かなかった。
・焦りや不安を隠していても、状況判断を間違ったプレーをしていた。

競技生活の中でこのような体験をしたことはありませんか？

メンタル強化に取り組む前に、一度メンタルを強化するとはどういうことか整理をしてみましょう。

メンタル強化された状態とは

アスリートがメンタル強化に取り組むには、メンタル強化の基準が明確である必要があります。基準が曖昧だと、心に対する適切なアプローチはできません。

メンタルが強化されると、次の四つの点で成長が見られるようになります。

・認知――物事の受け止め方が柔軟になる。
・思考――挑戦心が増し、不安や恐れに囚われない判断ができるようになる。
・発言――前向きで、明確な言葉を発するようになる。
・行動――目的意識に基づいた行動が習慣化する。

メンタルが強化された状態では、『～であるべきだ』、『～でなければならない』という発想が弱まり、勝負事に対して挑戦心を持って臨めるようになります。

日々の生活では、目的意識が高まり、目的の達成を目指した行動が習慣化します。

メンタルが強化された状態は、〝緊張しない〟、〝動じない〟、〝我慢強い〟という状態ではなく、緊張していることも心が動じたことも受け入れて、今の状態の中でどうベストを尽くすかを考えることができ、我慢すべきことと我慢の必要がないことを区別できる柔軟な判断力がある状態です。

そして、メンタルを強化する取り組みとは、認知、思考、発言、行動が成長するようなアプローチを続けることです。

そして、そのアプローチの一つが『コーチング』です。

第二章

セルフコーチング

スポーツコーチングとは

メンタル強化には、認知、思考、発言、行動の成長が必要だと説明しましたが、**コーチングは対話を通じてアスリートの認知、思考、発言、行動の変容を試みる行為です。**

コーチングは、アスリートが目的、目標の達成するための成長を促進するコミュニケーションであり、人間関係です。

私はアスリートからさまざまな相談を受けています。

緊張しても力を発揮できるようになりたい、スランプやイップスを克服したい、試合前に起きるパニック発作に悩まされている、体重を気にしていると摂食障害になってしまった、指導者やチームメイトとの人間関係で悩んでいるなど、これらの悩みの解決のためにコーチングを活用しています。

コーチングは、話を聴くことで悩みや課題を深く洞察し解決に導く援助技法です。

アスリートは、話をよく聴いてもらい、メンタルトレーナーから質問を受けることによって自分の悩みや課題について深く考えます。

コーチングの中で自分自身と向き合い、成長方向性を見極めて行動に移すという流れがアスリートを成長させるのです。

コーチングが援助技法であるというのは、一方的にアスリートをメンタルトレーナーが指導するのではなく、アスリートが自分の話をしながら洞察し、気づきや学びを得ることを促すためのコミュニケーションだからです。

コーチングからセルフコーチング

私が理想とするコーチングは、アスリートがメンタルトレーナーとの対話を通じて、自己成長につながる自分への『言葉掛け』ができるようになることです。

メンタルトレーナーと対話をすることによって、これまでアスリートが自分自身に向けていた言葉掛けが変化することで、心の状態、発言、行動にもこれまでとの違いが生まれます。

例えば、『こんなに緊張していて大丈夫だろうか？』という言葉掛けをしていたけど、『緊張は力を発揮するための準備だから、今日は良いパフォーマンスができる』と言葉を掛けることができるようになることで、心の状態、発言、行動も変わります。

このような変化へ導くことが、私がコーチングを行う上で大切にしていることです。

セルフコーチングの習得

スポーツコーチングは、アスリートが抱えている悩みや課題の解決を対話によって援助する取り組みですが、最終的には**メンタルトレーナーとの対話を通じ、アスリートにセルフコーチングを習得してもらうことを目指して行っています。**

競技生活では、目的達成のために自分を律して取り組むこと、時には心身ともに休めることなど、欲求や不安をコントロールしながら生活習慣を整えることが必要です。

また試合では、自分自身の心の在り方が結果に結びつくため、競技中でも自分の心の状態をコントロールする力、短時間で決断する力が求められます。そのため、悩みや迷いが生じたとしても、自問自答をして望ましい答えを出すというセルフコーチングの習得が必要なのです。

セルフコーチングという思考法

セルフコーチングは、決断と行動のための思考の働きでもあります。自分が直面している課題の解決、目的の達成のために何をすべきかと思考を巡らせることです。

課題を解決するための適切な行動を選択する、目的を達成するために行動を継続する、または心理的な負荷を受けても自分を見失わないためなど、セルフコーチングを活かせる場面はたくさんあります。

セルフコーチングは、自分への問い掛けを行い、自分の答えを確立させ、行動を選択するという過程をたどる思考法です。

そして、その思考の質は、自分が持っている言語の影響を受けます。

言葉は思考の道具である

人間は、他者とのコミュニケーションの道具として言語を使っていますが、思考の道具としても言語を使っています。

道具である言語の質が、思考の質を決めると言っても過言ではありません。

これが、アスリートがメンタルを強くしたいのであれば、思考力を磨くこと、より良い価値観を構築していくことが大切である理由です。


コーチングを受けることでアスリートの自信が回復したり、スランプを克服したり、競技への取り組み方に変化が生まれたりするのも、対話を通じてアスリートが新しい言語を獲得して思考力が向上するからです。

A
Q

新しい言語の獲得が進むにつれ、これまでの人生で身についた価値観の中で力の発揮を妨げているものは消えていき、力を発揮するために必要な価値観だけが残っていくようになります。

そうすると自然とアスリートが一人で考えている時の思考の質も変化するので、自分のパフォーマンスを発揮するためのセルフコーチングができるようになるのです。

セルフコーチングは、メンタルをコントロールするために欠かせない技術です。

心の成長を求めている人、メンタル面に課題を感じている人は、セルフコーチングを身につけることを目指して下さい。

ここから先では、アスリートとして競技に打ち込む、セカンドキャリアを生きるということに必要な知識、大切な考え方を四つのテーマに分けて記載しています。

それらは、アスリートにとってメンタルをコントロールする力を高める情報です。

人によって心に響く内容、必要だと感じる内容は違いがあると思うので、本書を読み進めながら自分に必要な情報を心に留めて欲しいと思います。

では、この四つのテーマに沿ってメンタル強化につながる情報を伝えていきます。

・**意識改革**……セルフコーチングの効果を高める意識について
・**目的意識**……アスリートとしての活動の質を上げる目的と目標の設定について
・**不調との向き合い方**……競技生活で抱える不調と向き合うための意識について
・**強者の心理**……トップアスリートが持っている意識について

第三章

意識改革

メンタルコントロールのための意識改革

メンタルをコントロールするには、自分の中で生まれている感覚や感情を無視して、我慢をするということではありません。

自分の中に生じている感覚や感情をしっかりと感じ取ることができるからこそ、メンタルコントロールができるのです。

我慢とは抑圧ですが、コントロールは抑制です。

心の働きを抑制して自分の活動に活かすことがコントロールなのです。

そして、心の働きを抑制するための技術がセルフコーチングです。

セルフコーチングは、自分自身に投げかける言葉が、自分の気持ちを楽にする、やる気を引き起こす、冷静さを取り戻す、思考の整理ができる、というような効果を生むことが望ましいのですが、言葉の質は自分自身の考え方の影響を受けます。

未熟な考え方であれば、セルフコーチングも上手くいきません。

考え方が未熟な人は以下のような特徴を持っています。

- 自分の感覚や感情よりも他人が求める望ましさを基準に行動する。
- 失敗を恐れて行動することができない。
- 非効率な行動を選択してしまう。
- 活躍する人、注目されている人を否定する考えが浮かぶ。
- 知的好奇心が低く、新しい価値観や方法を受け入れられない。
- ストレスを自覚できないため、心身のバランスを保てない。

このような特徴があると、一人で考え込むほど状況が悪くなってしまう可能性があります。実際に悩みが悪化して、健康面、金銭面、人間関係などに悪い影響が出てしまっているアスリートは、このような特徴が見受けられます。

反対に考え方が成熟しているアスリートは、セルフコーチングがしっかりとできているため、自分の心の状態を観察してバランスをとることができています。

この章では、セルフコーチングの土台となる考え方を習得するために必要な言葉を伝えたいと思います。

書かれている内容と現在の自分の認識や考え方を照らし合わせながら読み進めて下さい。

そうすることで自分のメンタルをコントロールする力を身につけるための課題が見えてくると思います。

競技力の向上は、フィジカル、スキル、
メンタルの成長に支えられていて、
その背景には努力がある。
努力という行動、
努力をした時間を肯定することは、
自分の人生を肯定することでもある。

競技力が向上しているのなら、必ず努力をしています。

まずは、自分自身が努力したこと、努力によって成長したことを肯定することが強い気持ちを作る土台となります。

競技には勝敗がつきものなので、周囲からはさまざまな評価を受けることになるのですが、どんな評価を受けようとも、どんな努力をして、どんな成長をしてきたのかという点を自分自身が評価して下さい。

メンタルが課題だと思っている人ほど、
心をコントロールしようとし過ぎている。

心とは何かと考える時、いくつかの要素に分類して考えることを提案しています。

外部からの刺激を受けて生じる脳の働きである〝感覚〟、その感覚を評価する〝認知〟、認知の後に生じる恐れ、驚き、不安、喜びなどの〝情動〟、情動を含む人や物事に対して抱く〝感情〟、言語によって脳内の情報を処理する〝思考〟、一つの思考や行動の継続によって強化された思いである〝信念〟、脳内の働きを体の動きとして表現する〝行動〟という要素に分類してみて下さい。

七つの要素の中で、すぐに意図的にコントロールできるものは行動です。認知、思考、信念は、体験を経て変化させることは可能です。他人との対話、新しい情報の獲得、印象深い体験、習慣の変化などの影響を受けて変わるのが認知、思考、信念です。思考は、意図的に何を考えるかをコントロールできる部分もありますが、無自覚に働く思考もあるので、行動に比べるとコントロールすることが難しいと言えます。

感覚、情動、感情はコントロールができません。

これらは、刺激を受けて起きる脳の働きの影響を受けるので、変えることができるとしたら、感覚、情動、感情を自覚した後の思考と行動です。

メンタルコントロールは、これらの心の働きに関する事実を受け入れることから始まります。

第三章 ―― 意識改革

メンタルコントロールの鉄則は、
コントロールが可能なものを
コントロールすること。

試合前や試合中に最初に不安定になるのは、コントロールが不可能な情動や感情。思考や行動は、情動や感情につられて不安定になります。

情動や感情が乱れたら、コントロールが可能な思考と行動によって心を整えることができます。

心の中で自分の心の状態が整理されたり、奮い立つような言葉を思い出したり、心を安定させるための行動を実行しましょう。

試合前のルーティンも、行動のコントロールによって戦うための心の準備を行う手段です。

成績だけを評価すると
心が不安定になりやすい。
自分が積み上げてきた努力に視点を向けて
評価することが大切。
『結果の伴わない努力は意味がない』
という発想は自信の低下につながる。

世の中には、『努力しても結果が出なければ意味がない』という評価をする人もいます。

そんな言葉に耳を傾けすぎると、自分自身の考え方もその影響を受けて、自分の努力を否定する癖がついてしまうことがあります。

努力によって得られる結果は、試合での勝利だけではありません。

あなた自身の成長、努力している姿を見た人から得た信頼、努力をすることによって身についた自分を高める習慣なども、努力によって得られた結果です。

意味のない努力などないのです。

人格は習慣によって作られる。
あなたの人格は、
努力の分だけ成長している。

性格の中の一つの要素である人格は、幼少期の体験で土台が作られて、日々の行動の影響を受けて成長すると言われています。

競技生活の中で培った努力は、身体的な成長だけでなく、あなたの内面の成長にもつながっているのです。

日々の努力が、少しずつでも確実にあなたの人格を成長させてくれています。

周囲の人から感じる期待よりも、
自分の本音を感じよう。
『勝たなければならない』のではなく、
『勝ちたい』ということに
気づくことができるはず。

周囲の人からの期待は、言葉として聞こえてくるので自覚しやすいし、影響を受けやすい。

期待に応えることばかり意識すると、『勝たなければならない』と自分を追い込んでしまいます。

大切なことは、周囲からの期待がどうであれ、何よりも自分自身が勝ちたいと思っていること、結果を出したいと思っていることに気づくことです。『勝ちたい』という本音から、勝つための創意工夫や勝負への執念が生まれるのです。

自分の本音を見失わなければ、
周囲からの期待を
力に変えることができる。

周囲の人からの期待は、時にはハイパフォーマンスを発揮する力になることがあります。

それは、周囲からの期待を感じた時に、自分自身の本音を見失うことなく、自分が本音で求めていることと、周囲からの期待の両方を自覚できている状態です。

自分の本音と周囲からの期待に一致している部分を感じられると、期待が力に変わるのです。

周囲からの期待は、
応援と感じることもあれば
重圧と感じることもある。
重圧と感じている時は、心の余裕がなく、
ストレスを抱えている可能性がある。

周囲からの期待を感じても、自分の中で挑戦する気持ち、自分自身への期待感、試合に臨む高揚感が失われていない時は、期待を応援ととらえることができています。

しかし、期待されていることを感じた時に、自分の中で負けや失敗は許されないという思いが強くなってしまうと期待は重圧となります。

重圧のある中でパフォーマンスを発揮するには、挑戦心と結果を受け入れる覚悟が必要です。

また、周囲の人からの期待を重荷に感じる時は、ストレスが蓄積しているかもしれません。

人の心は不健康になると期待を重荷に感じやすくなります。

そんな時は、一度心も体もリフレッシュする時間を持つことをお勧めします。

ストレスが蓄積している時は、脳の働きも低下して練習内容の習得度が低下します。

時には心身ともに休めて脳の働きを回復させてあげることが、競技力向上のための近道です。

本当の自信とは、
何かができるという感覚と
何かがあってもまた立ち上がることが
できるという感覚によって
構成されている心の力。

自信のある人は、自分の行動によって何らかの効力を発生させることができるという感覚だけでなく、もし、何か不運に見舞われたり、壁にぶち当たったとしても気持ちを強く保って乗り越える力があるという感覚を持っています。

前者の感覚だけを自信だと思っている人は、思うような結果を得られない時に自信を失いやすい。

ミスを修正する、失敗を取り返す、課題を克服する、ショックから立ち上がるという体験は全て自信になります。

自信は、相手と自分を比較することで
生まれるものではない。
自分が積み上げてきた成果と
そのための努力を肯定することで
自信が生まれる。

試合前に相手と自分を比較して自信を得ようとしてはいけません。

そうやって自分の心を落ち着かせるようにしても、自分より実績があったり、運動能力が高いと感じる相手と対峙する時には、不安になってしまいます。

自分が試合に向けて継続してきたこと、それによって得た力に焦点を当て、それらを肯定することが、心を落ち着かせ、試合に臨む覚悟を生むのです。

試合に照準を定めて
コツコツと積み上げていく練習は、
自信を構築しやすい。
心が強い選手は、
自信の裏付けとなる練習をしている。

自信を持っている選手は、自分が行っている練習は、何を身につけることができるのかをよく理解しています。

その練習を継続するメリットが想像できているからこそ、同じことを何度も繰り返し行うことができるのです。

漠然と練習を行うのではなく、何を身につけるために練習をしているのか自覚して努力を重ねることが自信につながるのです。

自信は覚悟を伴うことで
揺るぎないものになる。

自信は、自分の能力や体力、心の力などに対する信頼感です。自信を持つことによって、自分が信頼している力を発揮できる可能性が高くなりますが、自信を強化するために必要なものが覚悟です。

『精一杯やって結果が出なければ仕方がない』と、結果を受け入れる準備が整うことで、躊躇なく力を発揮できる条件が整うのです。

緊張とは、
脳の闘争反応という働きである。

「緊張しないようになるにはどうすればいいですか？」という質問を受けることがありますが、緊張はした方が良いし、緊張しない人はいません。緊張していると感じるのは、試合に向けて脳が戦うための準備をしている状態です。

緊張していると自覚したら、『しっかりと力を発揮するための準備ができている』と自分に言い聞かせるようにして下さい。

緊張しないという人は、
緊張感を不快に感じていない。
試合前に緊張することは自然なこと。
緊張することを否定しないことが大切。

「試合でも緊張しない」という人がいますが、緊張は闘争反応なので試合に臨む前に緊張感は生じるのは自然なこと。

しかし、それを不快に感じない人と不快に感じる人がいます。

自分が緊張感を不快に感じるタイプなら、対処方法を身につけることが必要です。

しっかりと対処をすることで不快感が生じても気持ちを落ち着けることができ、力を発揮するための心の準備を行うことができるのです。

本当の平常心とは緊張状態でも力を発揮できる心理状態。

武道では、自分の力を発揮するための教えとして平常心という言葉があります。

平常心とは、いつものリラックスしている状態だと解釈している人が多いのですが、本当の平常心とは、日ごろから自分の心に負荷が掛かる状態で練習を繰り返し、緊張している状態に慣れている心理状態のことです。

日頃から緊張という心理的な負荷に慣れているからこそ、試合の時と普段の練習の時の心理状態の差が少なくなるのです。

試合の心理状態を平常の練習で再現することで、試合の時と練習の時の心理状態の差を埋めておくことが大切です。

嫉妬心は、他人に対する羨望が歪んだもの。
嫉妬心を活力に変えるには、
羨ましいという思いを言語化すること。

他人に対して羨望を抱くこともあります。

そんな時、嫉妬心から相手の価値を下げるような言動をする人は成長しません。

『羨ましい』と素直に認めて表現をして、自分がその人に近づくイメージ、または自分なりの成功のイメージを心の中で育てましょう。

嫉妬心自体が悪い感情なのではなく、それをどんな行動に結びつけるかというところに分かれ道があるのです。

実力のあるアスリートは
嫉妬されることがある。
あなたが誰かに嫉妬されているなら、
相手から羨ましいと思われている証拠。
嫉妬されるということは、
それ以上の憧れや応援が集まる可能性がある。

嫉妬されるということは、能力を認められている、脅威に感じられているということであり、それだけの関心が集まっているということ。

いつか嫉妬の数よりも憧れや応援の声が上回る可能性があります。

嫉妬されても他人の不健全な感情に巻き込まれないことが大切です。

応援も批判も関心が表面化したもの。
〝好き〟の反対は〝嫌い〟ではなく
〝無関心〟である。

アスリートは、他人から関心を持たれやすい存在です。
そのため応援されることもありますが、批判を受けることもあります。
結果が出始めてから調子を崩してしまう選手は、他人からの関心に対して
自分の心を守る心構えを身につけて下さい。
あなたを応援する人も批判する人もあなたに関心を持っている人です。
関心を持っている人がいる反面、あなたに無関心な人もたくさんいるので、
あなたを批判していない人も世の中にはたくさんいるのです。

人は他人に対して勝手に期待を抱き、期待通りではないと判断すると批判的になる。

スポーツで活躍をすると、少なくとも同じ競技の世界では名前が知られるようになります。

場合によっては、メディアの力も影響して多くの人に知られる存在になります。

有名になり始めていると感じたら、どんな発言も、どんな行動も全ての人の期待を満たすことはできないため、自分に対して関心を持っている人の中には批判的な感情を持つ人が出てきます。

その一部の人が批判的な言動をぶつけてくることがあるという心構えをして、自分の心を守る準備をしておきましょう。

あなたの出す結果に期待をして
応援するファンもいれば、
あなたの挑戦する姿に関心を持ち
応援するファンもいる。
前者はあなたに対して
批判的になる時もあるが、
後者はどんな結果の時も
あなたを応援し続ける。

アスリートは、勝負の世界で活動する以上、結果を出すことを期待されます。

しかし、結果以上にあなたの挑戦自体を応援したい人もたくさんいるはずです。

スポーツというフィールドだけではなく、セカンドキャリアも含めた挑戦に関心を持ってくれている人もいるでしょう。

そんなファンがいることを忘れないことが心のバランスを保つ秘訣です。

〝反省〟は失敗や過ちを認め、
次に活かすという意思を伴う建設的な行為。
〝後悔〟は失敗や過ちを悔やみ、
自分を批判する感情が伴う非生産的な行為。

競技生活の中では、上手くいくことばかりではありません。競技力の高い選手でも、競技生活をトータルでみると勝つことより負けることの方が多いかもしれません。

だからこそ、失敗や過ちの後の競技に向き合う姿勢が重要になります。

誰しも失敗や過ちを後悔することはありますが、それを出来るだけ早く後悔を反省に切り替えるという意識を持って欲しいと思います。

第四章

目的意識

メンタルを支える目的意識とは

目的と目標の明確化

心を強く保つため、努力の質を上げるために必要なものが目的と目標です。

目的と目標の明確化は、今何をすべきか、何を継続すべきかを教えてくれる羅針盤になります。

また心の軸となり、迷った時や悩んだ時に自分を支えてくれます。

しかし、目的を掲げたとしても、目標が漠然としている場合、目的と目標に関連性がない場合は、心の強化としても努力の促進としても効果がありません。

この項目では、アスリートの競技生活の質を向上させるための目的、目標設定について説明いたします。


正しい目的、目標設定を行うには、目的と目標の違いを理解する必要があります。

目的と目標は別のものです。

目的とはゴールであり、目標はゴールまでの道順の途中にある通過点です。

そして、目的までの道順は複数あり、スタート地点も人によって異なると考えて下さい。

地図を例に説明すると、目的は自分が向かうゴール地点で、現在地は地図上のスタート地点です。そして、ゴール地点に迷わず向かうためにチェックしておきたい通過ポイントが目標です。自分がどこかに行こうとする場合は、ゴール地点とスタート地点の位置関係を確認して、どこを通っていくとスムーズにゴール地点に着くのかを確認すると思います。

これと同じようにスポーツでも目的、目標、現在地の確認が目的達成のためには重要なのです。

スポーツなら、オリンピックに絶対出場したいと思い、それを目的として設定した場合、まず自分の実力を分析して現在地を明確にする必要があります。

そして、目的達成のために自分にとって必要なことは、スピードの強化なのか、パワーをつけることなのか、それともスキルを高めることなのか、というクリアすべき条件を整理しなければなりません。

目標とは、目的達成のためにクリアしなければならない条件になります。

目的と目標設定の基準

目的は、どうしても達成したいものなので、まずは目的を設定します。

そして、その後に自分の実力を確認しつつ、目的を達成するために必要な条件を目標として設定します。

目標の設定は、目的達成のためにクリアすべき基準や成長過程です。

目的を達成するためには、自分がどんな選手になればいいのか、どのように成長していけばいいのかをイメージすると目標は決めやすいと思います。

ここで大切なポイントは、目的は絶対に達成したいことであり、それに対して目標は設定した基準を満たせないことや達成時期がずれることがある、または達成できない項目があっても良い場合もあるということです。

大切なのは目的達成であり、全ての目標をクリアできていなくても目的が達成できることがあるからです。

例えば、陸上の一〇〇m走でオリンピックの金メダルを目指すのであれば、安定して九秒台を出せるところまでスピードを上げなければなりません。

目的
FINISH
目標
目標
目標

そのためにスタートの反応速度を上げるという目標と五〇m地点からの加速をしっかりとできるような技術を身につけるという目標を立てたとします。

しかし、オリンピック当日までスタートの反応速度はあまり向上しなかったけど、五〇m地点からの加速度は飛躍的に向上して、結果的に金メダルを取れました。

この場合、目標の一つは達成して、もう一つの目標の達成は不十分だったわけですが、目的は達成されたという状態です。

一つの目的を達成した背景には、設定した基準をクリアできた目標もあれば、達成度合いが不十分なもの、達成のタイミングが遅くなるものもあります。

このことをよく理解して目的と目標を設定することが大切です。

目的、目標設定とモチベーションの維持

目的と目標が違うものであり、明確に設定することが大切だということは理解頂けたと思います。

目的と目標が別のものだと認識して、それぞれを設定する必要性を理解すると、目的に向かって努力する過程の中で自分を見失わなくて済みます。

どうしても目的の達成と同じように目標の達成を意識してしまうと目標の達成度が設定基準を満たせなかった場合や達成のタイミングがずれてしまうだけで落ち込み、自尊心が低下します。目標は、あくまで目的を達成する一つの要素であると考え、目的に向かって取り組む経過を適切に評価することがモチベーションの維持、自尊心の安定につながります。

正しい目的、目標設定は、アスリートとしての行動指針にもなり、モチベーションの維持、自尊心の安定にも影響するので、自分の目的と目標設定は適切に設定できているか見直してみて下さい。

次のページに、目的、目標設定の表を用意しています。

絶対に達成したいことを目的の欄に記載して、目的達成のためにクリアすべき内容を目標として記載して下さい。

目標は、達成するための期限を設定して、達成度合いの評価を行いましょう。

評価の基準は、自分がわかる基準を設けて記載しておくと、目的達成にどれくらい近づいたかがわかりやすくなります。

目的・目標設定

目的			
甲子園で優勝して応援してくれた人を感動させる。			
目標の設定	**目標達成への取り組み内容**	**期限**	**評価**
球速150キロ	足腰、背筋の筋力アップトレーニング	7/15	○
	球速が速い人のフォーム分析		
コントロールの向上	体幹トレーニング	7/15	○
	集中力を上げるメンタルトレーニング		
	イメージ力を上げるメンタルトレーニング		
ピンチに強くなる	課題を持って練習試合に出る	7/15	○
	ピンチを想定したメンタルトレーニング		
	呼吸法を身につける		
守備力アップ	反応力を上げるトレーニング	7/15	○
	股関節を柔らかくする		
	フィールディングを毎日練習		

目的・目標設定

目的			
目標の設定	目標達成への取り組み内容	期限	評価

目的を達成した時の自分を演じる

目的の達成を目指すなら、達成した時の自分は今の自分とどう違うのかをイメージしてみて下さい。

日々の行動の積み重ねが成果につながるとしたら、目的達成を目指すのであれば、そうと決めた時から目的を達成した自分に相応しい行動を始めることが理想的です。


例えば、自分が目指す目的を達成できる人は、体調管理や身体作りを考慮して食生活を整えているとしたら、その日から食生活を見直していくことが目的達成の可能性を高めるでしょう。

特に食生活のように毎日行うことであれば、それを見直すことがパフォーマンスに与える影響は小さくないはずです。


自分が掲げた目的を達成している自分の状態を具体的にイメージすることとは、今から何を変えるべきか、何を始めるべきかを明確にしてくれます。

人の成長には、時間と行動の継続が必要です。

目的を掲げて挑戦をするなら、目的達成時のセルフイメージを明確にしましょう。

そして、目的、目標を達成できる行動を始めましょう。

目的達成の自己イメージを明確にする表も用意しています。

現在の自分を競技力と人間性に分けて記載して、それが目的達成時にはどんな風に変わっているかを想像して目的達成時の自分を競技力と人間性に分けて記載してみて下さい。

自分の目指すべき自己イメージが明確になるはずです。

目的達成のための自己イメージ

	現在の自分	目的達成時の自分
競技力	走攻守において信頼はされているが、 全国大会で優勝するチームの１番バッターとしてまだムラがある。 守備と走塁は合格ラインにいると思うので、 あとは基礎体力と技術の向上が必要。	走攻守においてチームをけん引している。 精神的な面でも頼りになる存在。 特に１番としての出塁率が３割を超えていて、 チームにチャンスを呼び込む存在になる。
人間性	悩みはじめるとどんどん不安要素ばかりを気にしてしまうところがある。 周囲には強がりで前向きな発言をしているが、 時々本音と発言がズレていることを自覚している。	悩んだり迷うことはあっても、前向きな決断を行うことができ、心が安定している。 それを見て周りの人間も頼りにしたり、親しみやすいと感じてもらえる人間になっている。

目的達成のための自己イメージ

	現在の自分	目的達成時の自分
競技力		
人間性		

目的達成の支えとなる共感と応援

最後に目的達成を目指す上で大切な共感と応援について説明します。

目的を達成する力が高い人は、自分の目的を言語化している傾向があります。

目的を言語化すると、それを聞いた人の中には目的に共感してくれる人がいます。

そして、共感してくれる人の中には、具体的な形で応援してくれる人がいるのです。

高い目的を目指す人にとって、競技生活の環境が整うことは目的達成にも影響する大切な条件です。

例えば、プロ野球選手なら、一軍では球団から質の高いサポートを受けることができる環境が用意されていますが、競技によっては自分で環境を整える必要があります。

実際に自分が目的に挑戦するための環境を整えているアスリートは、自分の思いをしっかりと言語化して周囲に伝えています。

そして、その思いに共感した人達によってさまざまなサポートを受けることができています。

目的達成を見据えて活動をする上で、自分にはどんなサポートが必要なのかを自覚して、その環境を整えていく力もアスリートにとって大切なメンタル力の一つです。

自分にとってどんなサポートが必要なのか自覚していると、達成までのビジョンもより明確に描けます。

目的を達成するということについて、〝どんな人からどんなサポートを受けたいか〟という観点からも考えてみて下さい。

そして、スキル、フィジカル、メンタル、栄養、疲労のケアなどの専門家に自分の思いを伝えてサポートをお願いすれば、望ましい環境に近づけることができるかも知れません。


ここで少し宣伝をさせて下さい。

目的、目標設定を含めたアスリートのメンタル強化のための練習日誌を販売しています。

先ほど掲載していた表をさらに具体的にしたものなど、目的意識を高めて行動を促進するため計画と活動の記録ができるノートです。

メンタルノートの内容に沿って書いてもらうと、目的、目標設定はもちろん、練習の計画やビジョンの明確化も行えます。

ホームページから購入できるので、良かったら活用して下さい。
グーグルで、『ＡＸＩＡ　メンタルノート』と検索してください。

第五章

不調との向き合い方

アスリートが抱える心の悩み

アスリートからの相談依頼は、パフォーマンスを高めたいという相談よりも、緊張して力が発揮できないという悩みの相談が多く、他にも競技生活の中で深刻な心の悩みを抱えるようになり、助けて欲しいという相談依頼もあります。

心の悩みを抱えている時は、練習や試合でのパフォーマンスも低下します。

そのため、アスリートは、パフォーマンスが低下したことに対する悩みとパフォーマンス低下の原因となっている悩みを抱えることになるので、原因となっている悩みのケアが必要になります。

しかし、アスリートは我慢強い人も多く、悩みがあっても一人で抱えてしまってパフォーマンスの低下から、自信の喪失、さらには引退にまで状況が悪化することもあるので、パフォーマンスの向上や成長のためだけでなく、心のケアのためにサポートを受けることも大切です。

この章では、アスリートが抱えやすい心の悩みについて紹介し、どのような対策やケアが必要かをお伝えしたいと思います。

思春期

まず、最初に紹介するパフォーマンスを低下させる悩みは思春期です。

小学校低学年から試合で好成績をあげていた子が、小学五年生から高校生の間くらいで、突然試合になるとパフォーマンスが低下するようになったという相談を受けることがあります。このようなケースは、思春期に入り周囲の視線や評価を気にするようになったということが原因である場合が多いです。

思春期は、身体的にも精神的にも大人になり始めている時期で、自我が育つ中で人との関わり方を学び大人になる準備をする時期でもあります。

この年齢に差し掛かるとスポーツに関してだけでなく、日常の生活の中でも周囲の人の目、評価が気になり始めます。

他人の視線や評価が気になる程度やその感覚が生じる時期には個人差がありますが、人によってはスポーツのパフォーマンスに明らかな影響が出るほどに敏感になる人もいます。

思春期は、他人との関係を意識する感覚に変化が生じる時期でもあります。
まず親子関係では、親の期待に応えたいという思いがある反面、親の干渉が煩わしく感じるようになります。

また、反抗的な態度が表面化する反面、親の思いを感じ取りやすくもなっているので、競技面では親の期待を理解しているだけに『試合に負けてはいけない』という思いが強くなり過ぎてしまうことがあります。

チームメイト、指導者、その他の人との関係では、周囲からどう思われているのかを気にするようになります。

幼いころに良い結果を出してきた子は、他人から良い評価を得てきたことを自覚している反面、その評価が崩れることに恐れを感じるようになる場合もあります。

本当は、思春期の頃は一人の人間としても、アスリートとしても成功も失敗も含めたさまざまな経験の中で多くのことを学ぶ時期なので、思い切って挑戦をすれば良いのですが、思春期は周囲からの評価も気になってしまう成長過程なので、評価を気にして悩んでしまう人も多いのです。試合に負けたり、試合のパフォーマンスが悪かった場合は、周囲の人達から『あいつはもうダメだ』と思われているのではないかと疑心暗鬼になって、自分を追い詰めてしまうこともあります。

実際は、周囲の人は試合で目立っていた選手に関心は持っていますが、深い関心を持っている人はほんの一部です。

多くの人は、一時期の話題として活躍していた選手が負けたり、試合内容が悪かったことに注目をしますが、気にすることはありません。

しかし、どれだけの人が自分に対し関心を持っているかという事実よりも、自分の心の中で大きくしてしまった疑心暗鬼が思春期のアスリートを苦しめているので、ここでは対策を紹介します。

思春期に他人の視線と評価を気にしてスランプになった場合、それを克服するためには心を成長させることが必要になります。

心が成長することで、他人の視線や評価がどうであれ自分の価値をしっかりと認識して、周囲に惑わされないようになるとスランプから抜け出します。

心の成長とは、自分を評価する軸を他者からの評価を基準にするのではなく、自分の体験と変化を基準にしたものに変えていくということでもあります。

また、自分が競技生活を頑張れる動機が、他者からの評価や結果という外的動機だけでなく、競技生活を通じて自分が成長すること自体が報酬と感じられる内的動機によって努力を重ねることができるようになることも心の成長です。

思春期のうちは、成功体験を積むことも大切ですが、それと同じくらい失敗をした後に創意工夫によって課題を克服するという体験を積むことも大切なので、失敗を恐れずに挑戦して、試行錯誤しながら成長することを楽しんで欲しい時期です。

心も体も成長途中の思春期だからこそ、良い結果も悪い結果も成長するための手掛かりだと思って競技に取り組むことが他者の評価に惑わされないための秘訣です。

スランプ

次はスランプについてです。

思春期に周囲の視線や評価を気にすることで起きるパフォーマンス低下もスランプですが、この項目では私のコーチングの経験から、実力のある選手が陥りやすいスランプについて見解を述べたいと思います。

実力のあるアスリートほど、その実力は精度の高いパフォーマンスによって支えられています。

そのため、わずかに感覚がずれることによってパフォーマンスが低下することがあります。

感覚のずれを生むものは、身体的な疲労、そして悩みです。

人間の体は、脳からの命令を受けて動くのですが、筋肉が疲労していると命令を上手く実行することができないためパフォーマンスが低下します。

さらに身体的な疲労がある時は、脳も疲労している可能性があるので、命令を出すタイミングが遅れることもあります。

また、競技のこと、競技以外のことで悩みがある時は、目の前のことに集中することができないためパフォーマンスが低下します。

スランプになってしまう人は、パフォーマンス低下の理由が疲労や悩みによるものだとしても、そのことに気づかずに自分の技術の問題だと感じて、技術的な改善を試みて、自分の技術を見失ってしまう傾向があります。

本当は疲労を取ることや悩みを解決することで、脳と体を競技に適応できるように整えることが必要なのに、そのことに気づかないアスリートは意外と多いように感じます。

実際にあるバイク競技のチームのコーチングを行った時、実力があるのに何年も試合で不十分な結果が続いているということだったので、詳しく話を聴いてみると、練習のやり過ぎでパフォーマンスが低下している可能性が高いと感じました。

そこで練習時間を少し短縮することを提案すると、次の試合では選手たちが本来の力を発揮したという事例もあります。

このケースでは、試合で勝てない理由が、練習時間が長く疲労が抜けていないまま練習や試合をしていたことにあると指導陣も選手も想像できていなかったため、技術不足、精神力の弱さを補うためにさらに練習量が増えるという悪循環が起きていました。

また別の事例では、ある野球選手が打撃不振になっていて、自分の技術に問題があると思い込んでいたのですが、話を聴いてみるとプライベートで悩みを抱えていて、気持ちが沈みがちになっていました。

気持ちが沈んでいる時にバッティングの成績も落ちかけていて、『もっとボールをよく見て、野球に集中しなければいけない』と思ったことで、目の周囲の筋肉に力が入り過ぎてしまい、さらに打てなくなりました。

この時は、気持ちが落ち込んでいることとボールをよく見ようとし過ぎたことが重なって、表情、首、肩の筋肉に力が入り、バッターボックスでも目線がわずかに下がってしまうという状態になっていました。

そのため、ボールを目で正しく認識することができていなかったためヒットを打つことができなくなっていたのです。

バッティングでは、目線がわずかにずれるだけでピッチャーが投げるボールのコースを正しく把握できなくなります。

その結果、バットを振ってもしっかりとミートできなくてヒットが打てないということが起きます。

この場合は、目線を正しい位置に戻すことが解決策なのですが、目線の高さがずれているということに気づくことは難しいため、技術に問題があるのではないだろうかと勘違いして自分の技術を見失いスランプに陥るのです。

このケースは、選手が抱えていた悩みの解決のためのコーチングを行った上で、バッターボックスで視線が落ちていて、ボールのコースが上手く把握できていないのではないかという可能性を指摘しました。

また、表情の筋肉を柔らかくするようにアドバイスをしました。

その結果、目線の高さがヒットを打っていた時に戻り、表情、首、肩の力みも解消されてヒットが出るようになりました。

スランプとは、不調が続いている状態ですが、その多くは不調の原因が特定できていないことによって長引いていることが多いのです。

スランプになった時は、調子が落ちる前に疲労が蓄積していなかったか、悩みを抱えていなかったかと技術とは別の可能性にも意識を向け、心身の疲労のケア、悩みの解決を行うこと、調子を取り戻そうとして焦ったためにずれた感覚を正すことが必要な場合があるのです。

イップス

アスリートからの相談の中で、緊張して力が出せないという相談と同じくらい多いのが、イップスになって思うようにプレーができないので改善したいという相談です。

イップスは、スポーツで生じる心の葛藤が、脳の働きや神経伝達、筋肉の動きに影響を与えて、適切に体を動かすことが困難になっている状態です。

野球なら、ピッチャーの投球時、キャッチャーのピッチャーへの返球時、内野手の送球時にボールが抜けたり、ワンバンドを投げてしまう。

テニスや卓球なら、サーブを打つ時にトスを上げようとしたらボールを上げる腕がぎこちなく動く、レシーブの際には打ったボールが浮いてしまう。

ゴルフならスイングが途中で止まるなど、さまざまな競技のアスリートがイップスで悩んでいます。

イップスになりやすいプレーというものがあり、競技を問わず同じ特徴があります。

その特徴は、〝考える余裕（時間）が与えられるプレー〟です。


例を挙げると、野球なら、ピッチャーの投球、キャッチャーの返球、余裕を持ってアウトにできる打球を処理した後の送球などです。

テニスや卓球は、サーブ時のトス、そして余裕を持って返せると思った打球を打ち返す時、ゴルフはスイング全般です。

ボーリングやダーツもイップスになりやすい競技の一つです。


これらのプレーの特徴は、考えるための余裕があることにより『失敗したらどうしよう』、『また同じようなことをしてしまわないか』と不安に思い、失敗したプレーをイメージ化してしまうという点です。

人間の動作は、イメージを手掛かりに行っているので、不安になって悩んだり、迷ったりする時間のあるプレーほどイップスの症状が出やすいのです。

反対に考える余裕のないプレーではイップスは起こりにくいのです。

野球なら、強い打球を受けて一塁などに送球する場合は、すぐに送球しないとアウトにできないので、イップスになっている選手でも症状が出ないこともあります。

同じようにテニスや卓球で強い打球を打ち返す時には、普通に打ち返すことができる人も多いです。


人間の動作は、イメージを手掛かりに行っていると説明しましたが、イップスの症状が出ている時にはそのプレーが出てほしくないと強く願ってプレーしています。

『暴投しないように気をつけよう』、『もう失敗したくない』という思いや『また失敗しないだろうか』という願望でボールを投げたり、打ったりしています。


実は、この思考がイップスにつながるイメージを作り出してしまうのです。

本来アスリートは競技レベルが高い人ほど、プレーが成功するイメージを描き、そのイメージを手掛かりに身体を動かしています。

しかし、イップスに陥っている人の場合は、イップスによって同じようなミスをしたくないという願望を強く持ち、その願望をイメージ化して、不安なまま身体を動かしているので、本当にイップスの症状が出てしまいます。

他にもイップスには、どの競技にも共通するさまざまな特徴があるのですが、改善するためにはイップスとは何かをよく理解して、改善に取り組むことが大切です。

スランプと同様に、イップスになってしまうと技術的な改善を試みようとして状況を悪化させてしまう人がいます。

イップスは、心理的要因と脳の働きが関係しているので、技術ではなく脳や心理という観点からアプローチをすることが必要になります。

イップスになったら、闇雲に技術を変えようとしないで下さい。

私がイップスになっている選手に伝えたいことは、一人で抱え込まずに専門家に相談して欲しいということです。

イップスになってしまうのには理由があります。

その理由を把握せずに一人で試行錯誤しても改善することは難しく、改善できるとしても時間が掛かってしまいます。

専門家に相談して、適切な方法で改善を目指すことが選手としての大切な時間を守ることにもつながるので、自分はイップスかもしれないと思ったら早い段階で専門家に相談して下さい。

パニック発作

スポーツの試合で、自分の出番や試合前になると吐き気がするという悩みを抱えるアスリートがいます。

また、プレッシャーの掛かる試合の後に過呼吸になって、それから試合をすることが怖くなったという相談を受けることもあります。

スポーツは楽しむことができるとストレス解消になりますが、プロアスリートや強豪校の学生アスリートなど、使命感や責任感を感じ重圧の中で勝敗を争う人は、心にストレスが掛かる機会が多くなります。

このストレスが原因で起こる吐き気を**『心因性嘔吐症』**といいます。

同じくストレスが原因の過呼吸を**『過換気症候群』**といい、どちらもパニック発作の一つです。

アスリートは、競技力が高いほど勝つことを求められる環境で競技をしているので、試合をすることで受けるストレスが大きくなります。

そのため、パニック発作が出る可能性も高くなるのです。

ストレスが引き金となって表れるパニック発作は、吐き気や過呼吸だけでなく、めまい、動悸、手足の震えなどがあります。

本書を読んで頂いている方の中にも、試合前にパニック発作に悩まされているという人もおられるのではないかと思います。

緊張感が高いほど、神経や内臓の働きに影響が出やすく、パニック発作だと言えるレベルの発作が起きることがあります。

試合の緊張によってパニック発作が起きることは、誰にでもあり得ることですが、試合前や自分の出番の前にパニック発作に襲われるという悩みを抱えた選手は、その事実を指導者やチームメイトに打ち明けることが難しく、症状が小さいうちはパニック発作が出ることを誰にも言わずにプレーをしている傾向があります。

アスリートが、パニック発作が出ることを言わない理由は主に二つです。

一つ目は、発作が出始めた頃は、自分でも何が起きているのかわからないため、自分の状態を上手く説明できないという理由です。

自分に身に何が起きているか把握できないため伝えることが難しいのです。

もう一つは、パニック発作が出ていることで、心が弱いと思われたくないという理由です。

パニック発作は、症状が出ることを他人に隠そうとすると、余計に症状が出やすくなってしまうという特徴があるので、中には周囲に隠そうとしているうちに悪化していく人もいます。

もし、自分がパニック発作に悩まされるようになった場合は、いち早く専門家に相談することです。

精神医学の知識を持っているメンタルトレーナーであれば、話を聴いた上で克服するためのアドバイスをしてくれるはずです。

私の場合は、パニック発作が起きるメカニズムを説明した上で、どのような対処をすることが望ましいかを提案しています。

パニック発作が起きる要因には、不安感や恐怖感があるので、自分の身に何が起きているのかを正しく理解するだけでも不安感や恐怖感が弱まり、克服の可能性が高まります。

もし、あなたがパニック発作で悩んでいるなら、ここから先をよく読んで頂き、パニック発作が起きる不安感や恐怖心を緩和して頂ければと思います。

では、パニック発作が起きるメカニズムを説明します。

人間の脳は、試合などの緊張する時には、自律神経から体にさまざまな命令を送ります。筋力が上がるように体中に血液を送れ、体温を上昇させろ、心拍数を上げて呼吸も荒くしろという命令が脳から発せられ、戦うための準備を始めることは緊張時に体内で起きる自然な働きです。パニック発作というのは、上記の自然な働きが過剰になったものなのです。

内臓の血液が減ることで消化器官の働きが低下して胃の中にある異物を出そうとしたり、心臓の鼓動が速くなって落ち着かなくなったり、手足の先が震えてしまったり、といった緊張時の身体反応の暴走がパニック発作なのです。

このようにパニック発作が起きる理由を知ることで、不安感や恐怖感は弱まり、パニック発作が出ても慌てないようになり、そのうち出なくなることもあります。

パニック発作が生じるのには理由があり、理由があるからこそ対策を行うことができるので、パニック発作が出て困っているという場合は、すぐに専門家に相談しましょう。

摂食障害

摂食障害もアスリートが抱える可能性のある心の病です。体重制限が求められる競技、見た目の美しさ、体重の軽さが求められる競技の選手が摂食障害になる傾向があります。

例えば、柔道、バレエ、アーティスティックスイミング、器械体操、新体操、陸上、水泳、競馬、競艇などです。

摂食障害は、ただ体重を増やさないために食事制限をすることで起きるものではありません。周囲の期待に応えなければならないという責任感や周囲からの評価を気にしてしまう性格、指導者や親との関係などの心理的要因が、体重のコントロールを求められるということと結びついて摂食障害になることが多いです。

競技生活には、結果が出ないこと、他の選手と自分を比較する、周囲からの評価を気にするなどによって心に葛藤を抱えることがあります。

葛藤によってストレスが増加したり、自尊心が低下することもあります。

そんな時に、体重や体型を気にしているという状況とが重なって摂食障害になることがあるのです。

摂食障害の主な症状は、〝拒食症〟と〝過食症〟です。

一般的には、ダイエットがきっかけで体重が増えることに不安や不快感を感じはじめ、食べることができなくなることを拒食症（神経性無食欲症）といいます。

ダイエットは一つのきっかけであり、完璧主義であることや自己肯定感が低いことが拒食症を引き起こしやすい要因となります。

アスリートの場合、厳しい体重制限の中でわずかな体重の増減に神経質になり拒食症に陥っていくケースが多いようです。

体重調整が上手くいかないとパフォーマンスが落ちるという不安や試合に出られないという危機感が食べるということへの恐怖心を生んでしまうのです。

ストレスを食べることによって紛らわそうとたくさんの食事を食べ続け、その後に食べたことへの罪悪感に襲われて自ら嘔吐する、薬物で排泄を促す、絶食するというような代償行為を行うことを過食症（神経性大食症）と言います。

代償行為を行わない場合は、過食性障害（むちゃ食い障害）と言います。

過食症は、拒食症を経て発症することもあります。


アスリートは、心に重圧がかかっている中で生活していてストレスレベルが高い人も多いため、過食に走ってしまう人がいます。

アスリートが摂食障害になった場合は、パフォーマンスの向上だけでなく、ストレスケアとしてのアプローチができるメンタルトレーナーにサポートを依頼することが望ましいと言えます。


また、栄養士のサポートを受けることもお勧めします。

理想的なのは、摂食障害になる前から正しい食事や栄養の知識を得るためにも栄養士のサポートを受けることですが、摂食障害になっている段階からでも、克服するために栄養士のサポートは有益です。

適切な栄養を摂ることと食事と身体作りに関する正しい知識を得る機会を増やすことも改善につながります。

陸上競技１００ｍハードルの日本記録保持者寺田明日香選手のサポートチームである『チームあ

すか』のメンバーでもある廣松千愛さん、奥隅知里さんは、トップアスリートやスポーツチームを栄養指導や食生活からサポートする取り組みをされています。

摂食障害は、一緒に課題に取り組んでくれる人がいることも改善につながる要素なので、拒食症や過食症で悩んでいる方は、メンタルや食生活のサポートを受けてみることも検討してみて下さい。

補足

『チームあすか』とは 寺田明日香選手の活動をサポートするため、陸上のコーチ、フィジカルやメンタルのトレーナー、栄養士、治療家、マネージャーなどの専門家によって構成されたチーム。

寺田選手が、第一期陸上選手時代、ラグビー選手時代の経験を経て、より良い競技活動を追い求めて始まった取り組みです。

アスリートに必要なストレス対策の意識

アスリートも一人の人間なので、心に悩みを抱えることはあります。むしろ競技生活の中に心の悩みを抱えやすい要因がたくさんあるため、心にはある程度の負荷が掛かった状態で生活していると思っていた方が良いでしょう。

自分がアスリートであるという自覚が、ストレスを我慢し過ぎる、悩みを抱えた時も周囲に言わずに抱え込むということにつながるのではなく、心に負荷が掛かる環境で生活しているという自覚をもって、日頃から心のケアをする習慣を取り入れるようにして下さい。

脳と心理状態が健康であるということも、心の強さを支える要素です。

ストレス対策としては、ストレスを症状化させないための予防の意識、症状化した時は早い段階で対処をするための早期発見の意識、そして改善した後は再発防止の意識を持っておくことが重要です。

予防の意識があれば、過度にストレスを我慢したりせず、普段からリフレッシュを心掛けることができます。

早期発見、早期改善の意識があれば、異常を感じた時点で周囲に人に伝えたり、メンタルトレーナーに相談することができます。

再発防止の意識があれば、日常生活の中で心のケアに気を配り、心の健康状態を保つことができます。


アスリートには、心の不調で成長するための時間、挑戦する機会を失わないように、本書に書かれていることを吸収して予防、早期発見と早期改善、再発防止などの心のケアにも取り組んで頂きたいと思います。


心の健康維持のためになる参考資料として、ストレスによって表れる不調の兆しを一覧にまとめてみました。

自分のストレスチェックに活用して下さい。

もし、心の不調に関して相談をする時は、スポーツ心理だけでなく、精神医学の知識も持っている専門家に相談して下さい。

ストレスに気づくポイント

■心理

気分の落ち込み、不安感、不眠、焦り
物忘れや記憶違い、イライラ、孤独感

■身体

頭痛、めまい、肌荒れ、脱毛、食欲不振
手足のしびれ、胃痛

■行動

爪噛み、暴飲暴食、暴力、暴言、自傷行為
スリルを求める、つまずきやすくなる

第六章
強者の心理

強い選手が持っている心理的特徴

第六章では、強い選手に共通する心理的特徴を紹介しています。

スポーツ心理の研究から明らかになっていることやトップアスリートと接する中で感じたことなど、試合で結果を残している選手が持っている心理的特徴について思考とイメージに分けて紹介します。

本書を読んで頂いている方の中には、自分も共通する点があると感じることもあると思います。

またはこの部分は、自分には欠けている点だと感じる部分もあるかもしれません。

共通する点、欠けている点が自分の競技に取り組む姿勢や試合のパフォーマンスと、どう関係があるか考えながら読み進めてみて下さい。

強者の思考

気持ちの切り換え

トップアスリートは、気持ちの切り換えが上手い人が多いと感じます。
本人は、自分はクヨクヨ悩んでしまう方だと思っていても、いざとなったら気持ちを切り換えて試合に臨んでいるという人もいます。

気持ちの切り換えが上手いということは、自分の身に起きた出来事に対して〝**前後裁断**〟ができているということでもあります。

前後裁断とは禅の言葉だそうで、「過去に囚われることなく、未来を不安視することなく、目の前の一瞬一瞬を大切にする」という意味だそうです。

スポーツなら、過去にとらわれてミスや敗戦を引きずる、または未来に意識が向いてミスすることや負けることを恐れることによってパフォーマンスが低下するということが起きます。

しかし、前後裁断ができている人は、意識を向けるべきものは目の前で起きている現象だと考えています。

競技は違ってもスポーツは目の前にある状況を見て、そこから得られる情報を元に行動を選択することを繰り返します。

その結果として勝敗が決まるので、いかに〝今〟に集中できるかが勝敗を分ける条件の一つとなります。

また、競技によっては、年間でいくつも試合があるので、一つの試合を終えて反省はしても、後悔をしていては気持ちの切り替えができないままで次の試合を迎えることになってしまいます。

そのため、前後裁断という気持ちを切り換えるための意識が必要なのです。

行動の宣言

トップアスリートの思考パターンには、心の中で『○○をする』と決断して、迷いを振り払って行動しているという特徴があると感じています。

『○○をする』と心の中で自分に言い聞かせることを、私は〝**行動の宣言**〟という表現でアスリートに伝えています。

試合の中で判断が遅れたり、誤った判断をしやすい人は、『どうすればいいのか？』、『ミスしたらどうしよう』、『相手はどうするだろうか』など、心の中に生じる不安や疑問を抱えたままプレーをしている傾向があります。

試合の中には、不安になったり、判断が難しいと感じる場面は出てきますが、ハイパフォーマンスを発揮できる選手ほど、自分が何をするかを決定して、決めたことを実行したのなら、結果が悪くても仕方がないと腹を括ることができています。

例えば、野球でバッターが、ピッチャーが投げてくる球種に迷った場合、『ストレートを狙う』と心の中で宣言することで、迷いを吹っ切ることができます。

意思決定を行うということは勇気のいることですが、試合で結果を残す人ほど自分に対して行動の宣言を行うタイミングが早い傾向にあると言えます。

決断力は、性格傾向も関係していますが、何度も意図的に意思決定をするように意識して、決断を繰り返せば脳も決断することに慣れてくるので、練習試合や試合で決断した状態で行動することを心掛けて下さい。

直観と自分を信じる根拠

試合の中で良い結果が出ている時は、自分の直観通りに行動していたという体験をしたことはありませんか。

直観というと不確かなものと感じる人もいるかもしれませんが、決してそうではありません。

競技力の高いアスリートほど、練習もしっかり積んでいて、いろいろなケースの試合を体験しています。

これは、脳内に競技に関するたくさんの記憶があるということです。

アスリートの直観というのは、目の前の状況を見た時に自分の脳内にある豊富な記憶を手掛かりに何をすればいいかを導き出したものです。

そのため、直観は信じる価値があるのです。

しかし、調子が不安定な時、プレッシャーが掛かっている時、相手を恐れている時などは、自分の直観を疑ってしまうことがあります。

直観通りに行動すれば良い結果が出る場合でも、直観を疑って行動したために結果が望ましくなかったということになることもあります。

例えば、ゴルフの試合で、グリーン上でパットを打つ時にボールとカップの距離を見て経験則から一メートルだと感じたあと、『これを外したらまずいな』という思考が生じて、『やっぱり一・二メートルかな』と考え直してボールを打ったら外してしまったということが起きたとします。

このようなケースは、ボールとカップの距離という現実を見て、脳が経験則から距離を推測して直観的に一メートルだと答えを出しているのですが、心に生じた不安が自分の推測を覆してしまっています。

本来なら、一メートルだという推測を参考に、それに従って打てばいいのですが、直観を頼りに推測した距離ではなく、不安や迷いの影響を受けて推測した距離を意識してボールを打ったことでミスをすることもあります。

スポーツでは、試合前にコーチから「自分を信じろ」という言葉を掛けられる時がありますが、これは自分の積み上げた練習や試合の経験を信じろということです。

それと同時に、自分を信じて行った行動によって生まれた結果は受け止めるという気持ちを持つことが思い切ったプレーにつながります。

自分が相手より優れていることを信じるということではなく、相手と自分の実力差がどうであれ、緊張感を高めた状態の中で生まれてくる直観を信じ、直観に結果をゆだねる勇気を持つことが自分の力を発揮することにつながるのです。

現実に焦点を合わせる

ハイパフォーマンスを発揮するためには、思考の焦点が目の前の現実に向いていることが必要です。

思考の焦点が、過去のミスや敗戦、少し先の未来である試合結果の心配に向いていると目の前の状況に対して反応、判断が遅れてしまいます。

スポーツは、高いレベルの争いになるほど反応や判断の遅れが結果を左右するので、現実に意識の焦点が合っていなければ勝つことは難しくなります。

トップアスリートほど、目の前の現実を手掛かりに行動していて、現実を手掛かりにして行った分析や判断を疑わないという思考をしています。

それに対して力を発揮できないアスリートほど、過去や未来に意識が向きやすく、頭の中で不安や恐れが大きくなり、現実の中にある手掛かりを把握せずに行動しています。

直観の説明の時に出したゴルフの事例もそうですが、目の前の現実を手掛かりにして決断したことより、過去や未来に意識が向き、過去のミスを思い出したり、ミスした後のことが頭によぎると最初の判断を覆してしまうことがあります。

トップアスリートは、自然と現実に意識を向け、現実からできるだけ多くの情報を把握しようという意識が働いている傾向があります。

このような脳の働きも、繰り返し意識して行うことによって身につくので、練習や練習試合の時から現状分析を心掛けて下さい。

自己分析

試合で結果を出している選手は、自己分析がしっかりとできていると感じます。高いレベルでの争いになるほど、自分の強みを活かすこと、弱みにつけ込まれないように対処することが求められます。

そのためには、自分の選手としての特徴をよく理解しておく必要があります。

自己分析をする時に大切なことは、最初に他人と比較をして自分の特徴を分析しないという点です。

まずは、自分の能力や技術の中でどれが高いのか、反対に何が苦手なのか、またはどんな攻撃をされると弱いのかなどを把握することが先決です。

自分の能力や技術の中から強みを見つけることは、勝つために自分のどの能力や技術を活かした方が良いかを明確にすることにつながります。

相手を見て対策を立てるにしても、自分の強みを把握しないままでは有効な対策を立てることはできません。

また、自分の弱点を把握しておかないと、試合の中で気をつけるべき状況や展開がわからないまま試合に臨むことになります。

トップアスリートは、自分の選手としての特徴を把握していて、どんな試合展開に持ち込むと良いのか、何をすることで自分の強みが活かせるのか、弱点をカバーするにはどうすればいいかなど、よく分析しています。

高いレベルで争っている選手ほど、自分のことを分析して自信の構築につなげていると同時に、他の選手のことも良く分析していて、闇雲に相手の強さを警戒することなく、相手の弱点をどう攻めれば勝てるのかということも冷静に考えています。

他者分析

しっかりとの自己分析ができている選手は、自分を分析する際の視点を相手にも向け、冷静に相手の強みと弱みを把握しています。

相手の強みを知ることで、試合展開の中で相手が強みを発揮する機会を減らすようにしたり、相手の弱みをどう攻めるかを考えることができます。

試合に強い選手は、勝つための情報収集として相手を分析するという発想なので、相手のことを過大評価して臆病になったり、相手のことを過小評価して油断することもありません。

また、『自分は勝てるだろうか？』、『相手はどれくらい強いのだろうか？』ということを考えるのではなく、ただシンプルに自分が勝つための要素を冷静に見極める思考パターンを持っています。

もともと試合は勝つか負けるかやってみないとわからないので、相手の強さを過大評価したり、結果を心配するなど疑心暗鬼になるのではなく、勝つ可能性を少しでも上げるための情報収集に思考を使うことが大切なのです。

現実思考と改善思考

試合に強い選手はポジティブだというイメージがあるかもしれませんが、私がアスリートと接していて感じることは、ポジティブだと感じられるのは現実思考と改善思考を持っているからだということです。

現実思考があるため、現状を見据えて自分の成長にしても、試合のプランにしても実現可能性の高いことに取り組もうとしています。

限られた時間の中で強くなるには、何を強化するトレーニングをすればいいのか、試合に勝つためには、どうすれば勝つ可能性が高まるのかということを考えて、行動に移しています。

ポジティブな思考のアスリートほど、現実を受け止めた上で自分に必要な成長は何かを考えて努力をしているように感じます。

また、改善思考が強いため、技術や体力の向上、心理的成長に貪欲で、より良い情報を求め、創意工夫をして自分を成長させようとしています。

知的欲求と成長欲求

強者が持っている思考の説明の最後に、コーチングやメンタルトレーニングを受けたことによってパフォーマンスを向上させるアスリートの特徴について、私が感じていることについてお伝えしたいと思います。

まず一つ目の特徴は知的欲求が高いということです。

自分の考え方や経験を大切にしている上で、新しい知識を自分の考え方や体験と重ね合わせて検討する傾向があります。

新しい情報に興味を持ちつつ、それを鵜呑みにするのではなく、また頭から否定することもなく、自分の中で吟味して活かせるものは活かすという姿勢が知的欲求の高いアスリートからは感じられます。


もう一つは成長欲求が高いということです。

アスリートなら成長欲求が高いのは当たり前と感じるかもしれませんが、人間はある程度の結果を手にすると成長したい気持ちよりも、現状を維持したい気持ちが強くなることもあります。

変化することで生じるリスクには臆病になってしまうのです。


しかし、本当に成長欲求の高いアスリートは、変化することを無闇に怖がるのではなく、自分がどのように成長したいのかをよく考え、その上で変化するメリットとデメリットを想像してから決断をするという傾向があります。

コーチングやメンタルトレーニングを自分の意思で受けているアスリートは、概ね知的欲求も成長欲求も高いのですが、チームに関わる場合は選手によって個人差があります。

チームのサポートをしている時に、メンタルサポートの内容をよく理解して、すかさず競技に活かそうとする選手は知的欲求と成長欲求が高いと感じます。

チームのサポートをする時は、チームにメンタルサポートの効果が浸透するためには、どの選手に理解してもらうことが効率的かを見極めてサポートすることを心掛けています。

強者のイメージ力

ビジュアライゼーション

アスリートにとって競技をする上でも競技生活を計画的に進めていく上でもイメージ力は必要な能力の一つです。

強いアスリートは、具体的なイメージを描くビジュアライゼーションという能力が高いと言われています。

ビジュアライゼーションとは、目に見えない力、動き、関係性などを具体的にイメージすること、または図や映像をイメージして目に見えないものを可視化することを言います。

何となくイメージするのではなく、自分が求めている動作、ボールの軌道、相手の動き、タイミングなどを脳内で具体的に映像化できるまで想像力を働かせることがビジュアライゼーションです。

また、スポーツは照準を合わせている大会に向けてどのように準備を進めていくのか、自分が理想とするパフォーマンスを目指す上でどんな成長過程をたどるのかをイメージすることも大切で、そこでもビジュアライゼーションという力が必要になります。

一体感と連動性をイメージする

トップアスリートは、自分の身体をスムーズに動かすためのイメージを持っています。イメージによって体幹、手足の動きに一体感と連動性を生み、パフォーマンスとして成立させているのですが、競技力の高いアスリートほど、より高い一体感と連動性を生み出せるイメージを持っていると感じています。

私はアスリートに提案しているイメージトレーニングの一つは、動きに一体感と連動性を生むための方法です。

具体的には、どんなイメージを身につけてもらうかというと、それは骨の動きと力の流れです。

身体が動くということは、骨が動いているということであり、筋肉が収縮することによって骨を動かしているということです。

スムーズな骨の動きと適切なタイミングに適切な筋力を発揮することによって効果的なパフォーマンスが発揮されます。

骨の動きをイメージするためには、人間の骨格を把握することを提案しています。

例えば、腕や足、指が動く時は、骨のどこからどこまでが動いているのかをイメージできることで身体の正確な動きが把握できます。

今は、スマホのアプリがあるので、誰でも人間の骨格や骨の動きについて詳しく知ることができます。

3D Motion Human Anatomyという有料のアプリがありますが、これは骨格の構造や動きが良く分かります。


身体の動かし方に関するイメージについては、身体を動かすために発生した力がどのように身体の中を流れるのかというイメージを持つことを提案しています。

力を込めるというイメージでは身体を動かす時に体幹がぶれたり、動きを切り換える時に時間が掛かったり、疲労しやすくなることもあります。

力を込めるイメージではなく、力が身体のどこから発生して、どのように流れるのかをイメージすることで、効率の良い効果的な動きを獲得することができると考えています。


身体の動きに関するイメージを持っておくと、体の動きや筋肉の強化を専門とするトレーナーから指導を受ける時に、トレーナーとイメージを共有しながら話をすることができます。

イメージの力は、競技力を高めるためだけでなく、教えを受ける時にも役立ちます。

予測力とタイミング能力

トップアスリートの脳機能の中で、予測力とタイミング能力もパフォーマンスの質に関わる重要な要素です。

予測力とは、五感でキャッチした情報を手掛かりに、次の展開を想像することです。例えば、バッターがピッチャーの投球フォームを見てボールが到達する位置と時間を想像することが予測です。

タイミング能力は、動いているものを捕えたり、避けたりするために、人やボールなどの動きを予測して、自分の動きを合わせる能力です。

予測力とタイミング能力が高いと、物体に力を効率よく伝えることができるため、パフォーマンスが向上します。

また、予測力とタイミング能力の高さは、アスリートのタフさにも関係していると言われています。

トップアスリートは、並のアスリートに比べて一つの動きの後に、その動きをするために働いた筋肉の活動が止まるのが早いそうです。
必要な動作が終われば、なるべく早く筋活動を停止することで余分なエネルギーを使わずに済みます。

例えば、野球のスイングならバットを振りだす時やボールを打つインパクトの瞬間には筋肉がしっかりと働いているけど、打球が飛んだ後はすぐに脱力できていているという感じです。

トップアスリートの脳は、筋肉の疲労を最小限に抑えるための効率的なエネルギー配分を身につけていると言えます。
そのため、試合が続いてもハイパフォーマンスを発揮し続けることが可能なのです。

予測力とタイミング能力を高める方法は、いくつもあります。
人間は、目と耳から入って来る情報を手掛かりに予測をしてタイミングを取っているので、その条件が満たされるトレーニングをすればいいのです。

・ダンスの練習をする。目の前で踊っている人や動画を見て、真似るように意識して踊る。

これは、視覚と聴覚という二つの知覚を手掛かりとした予測能力を向上することができます。

・三色のカラーボールを用意して、「赤色は避ける」「黄色ははたく」「青色は受ける」というルールのもと投げてもらう。ボールを投げる人が、ボールを投げる時の手元が見えないように三色のボールを入れる物を用意すると良い。

・ビジョナップという視野の遮断と解放を繰り返すメガネを使って視覚による予測を強化する方法があります。インターネットで【ビジョナップ】と検索をすると商品が出てくるので確認してみて下さい。

その他には、各競技の練習の中で、その競技特有の予測力とタイミング能力が必要となる条件を設定したメニューを取り入れると、予測力の強化が競技力の向上に直結するので、練習方法を工夫してみて下さい。

= 避ける
= はたく
= 受ける

軌道をイメージする

軌道とは、物体が力を加えられた時に動く道筋のことです。
自分の体を動かす、ボールなどの物体を投げる、相手の攻撃を避ける、という時に具体的に軌道がイメージできているとパフォーマンスの質も向上します。

実際にトップアスリートは、自分がプレーをする時にも、動画で自分の動きを確認している時も、軌道をイメージする癖がついていることが多いそうです。

メンタルトレーニングでは、軌道をイメージすることが自然にできるようになるトレーニング方法をお伝えしています。

ここで紹介するトレーニング方法は、軌道をイメージする習慣を身につける方法です。

まずは、Ａ４用紙を一枚用意して下さい。
そして、用紙を自分の前に縦に置いた状態で、手前と奥に五つずつ目印を書いて下さい。

目印が書けたら、手前の目印と直線上にある奥の目印の位置をしっかりと確認して目を閉じて下さい。

目を閉じたら、手前の目印から奥の目印に向かって直線を描くイメージをして下さい。

しっかりと直線を描くイメージができたら、目を閉じたまま一息で手前の目印から、奥の目印まで直線を引いて下さい。

位置、距離共に正確に線を引くことができていれば、自分が描いた軌道のイメージと動作が一致しているということです。

このトレーニングは、軌道をイメージして、それに合わせて正確な動作をするというトレーニングです。

A4用紙を使って行う段階は、あくまで軌道をイメージして正確な動作をするというイメージと動作の一致の基礎を身につけるものです。

まずはこのトレーニング方法で、イメージした軌道に沿って体を動かす感覚を取得して、その上で自分の競技に合わせた軌道をイメージするトレーニングを行って頂ければ良いかと思います。

主観的イメージと筋感覚イメージ

イメージトレーニングを行う際に試合の様子をイメージする時、客観的イメージと主観的イメージを描くことができますが、基本的には主観的イメージを描くことが望ましいと言えます。

プレーを横や観客席から眺めているような視点で描くイメージのことを客観的イメージと言います。

それに対して主観的イメージは、自分が試合をしている時の視野から見た状況を思い描くことです。

客観的イメージを使ったイメージトレーニングも効果的な場合はあるのですが、試合の中での自分自身の判断、反応、タイミングの取り方などをシミュレーションする場合は、主観的イメージが適しています。

一流選手は主観的イメージを思い浮かべている時に、イメージしていることを実体験しているような感覚になるので、イメージトレーニングの最中に筋肉がイメージに伴って反応します。

一流選手の例から言えることは、イメージトレーニングの質を高めるためには、主観的イメージを描いた上で、自分が描いている状況ならどの筋肉がどのように反応するのかということを意識することが良いと言えます。

筋肉が実際の動作と同じような反応を示すイメージのことを筋感覚イメージと言います。

主観的な視点でイメージを作り、筋肉がどのように動いているかまで意識することは簡単ではありません。

実際にイメージトレーニングに慣れていない人が、主観的な視線で筋感覚的イメージを描こうとすると上手くイメージができないと思います。

しかし、主観的イメージと筋感覚イメージを描くことに慣れてくるとイメージトレーニングの効果も上がります。

主観的イメージと筋感覚的イメージを用いたメンタルトレーニングを継続していると、試合の中で起こりうることを想定することができるので、試合前に質の高い心の準備ができるようになります。

最初は上手くイメージすることができなくても、根気強く継続して欲しいイメージトレーニングです。

緊張を疑似体験するイメージ

トップアスリートの特徴として、緊張した時に身体に生じる反応を肯定的に受け止めている人が多いと感じています。

緊張して、心拍数の増加、血流の変化、発汗や体温の上昇などが起きた時に、『体を動かしたい』、『ワクワクする』という感想を持ったり、試合の中で『何か仕掛けてやろう』、『相手を驚かせてやろう』というアイデアが浮かんでくるという傾向があるようです。

このような特徴は、自然と身についている人もいれば、メンタルトレーニングの本を読んだり、メンタルトレーナーからの指導を受けて後天的に身につけている人もいるようです。

この〝緊張を疑似体験するイメージ〟の項目では、緊張を肯定的に受け止めてハイパフォーマンスの発揮につなげるための準備について説明します。

私がアスリートにメンタルトレーニングの指導をする時には、緊張感と緊張による身体反応が感じられるまで、イメージを具体化する必要があるというアドバイスをしています。

緊張して力を発揮できない人の特徴は、緊張感と緊張による身体反応を不快だと思っているので、試合前に緊張してくると不安や気弱になってしまう傾向あります。

しかし、本来緊張とは、自分の身を守るための闘争（逃走）反応という運動能力を発揮するための準備なので、試合前に緊張することは自然であり、必要なことなのです。。

試合で力を発揮できる人は、緊張感と緊張による身体反応を高揚感や神経が研ぎ澄まされる感覚だと感じやすい、もしくはそう感じるためのトレーニングをしています。

ここからは、緊張を肯定的に捉えるためのトレーニング方法を紹介します。

これまで試合で力が発揮できないと感じている人は、イメージトレーニングの際にできるだけ試合を具体的にイメージしてみて下さい。

試合が始まる前の緊張感から、会場やコートに入る、スタートラインに立つというような場面を想像し、さらに試合が始まってからのことも具体的に思い浮かべて下さい。

具体的なイメージを思い浮かべることによって、緊張と緊張による身体反応が現れた時、この感覚は高揚感であるとか、思い切り力を発揮したいと感じていると声に出して自分に言い聞かせて下さい。

イメージトレーニングの際に、自分の脳や体に現れた反応が力を発揮したいという合図だと言い聞かせておくことで、実際の試合の時も緊張感と緊張による身体反応が現れた時に、不安や気弱になるのではなく、思い切り体を動かしたいという感覚になるのです。

試合前にある程度は不安感や恐怖心が出てくることは仕方のないことですが、そればかりだと脳と体は上手くかみ合わないため、パフォーマンスが低下してしまいます。

脳に緊張感は体を思い切って動かすことができる準備であると認識させることにより、不安感や恐怖心がある中でも思い切った動きができるようになるので、緊張を疑似体験するイメージトレーニングを行って下さい。

第七章

心を鍛える習慣

心を成長させるための習慣

スポーツ界の変化

スポーツ界では、その競技のパフォーマンスを高めるために技術を高めることが最も重視されていて、筋力の強化することの重要性が理解され始めたのもそう昔のことではないように思います。

今では、筋力を鍛えたり、ケガをしないための身体の使い方を身につけようとしているアスリートも増えていると感じますが、まだ広く重要性が認知されているとは言い難いです。

アスリートもメンタル強化やメンタルケアに至っては、やっと関心が高まってきたように感じます。

スポーツ界におけるメンタル強化に関する意識の変化は、私自身の仕事の変化にも表れています。

アスリートからの相談は、小学生からプロアスリートまで幅広い層の人達から依頼があります。

チームとしては、チーム名を掲載できるところで言うと、東洋大姫路高校剣道部、三菱重工神戸・高砂硬式野球部、日本製鉄広畑硬式野球部、SGホールディングスソフトボール部のメンタルサポートを担当させて頂きました。

また、一つのシーズンや長期にわたってのメンタルサポートだけでなく、メンタルを強化するための知識を学ぶ講習会の依頼があり、いくつかの高校、大学、その他スポーツチーム、指導者やトレーナーの勉強会などで話をさせて頂きました。

このように私が頂いている仕事の依頼からもスポーツ界でメンタル強化への関心を持つ人が増えていることが感じられます。

ただ、この流れがどのように定着して、日本のアスリートの競技力の向上、そして幸福度の向上につながっていくかということが大切であり、サポートの依頼を頂いている以上は、そこに貢献できるよう研鑽を積んでいかなければならないと思っています。

メンタル強化の取り組みの習慣化

本書を読んで頂いた方には、競技力を向上させるためにメンタルを強化する取り組みを習慣化して頂きたいと思っています。

人間の脳は、〝可塑性〟という頻繁に使う神経回路の働きが強化される仕組みがあります。簡単に言うと、脳も筋肉のように鍛え続けることで強くなるということです。

脳の仕組みから考えても、メンタルを強化したいなら、どんな風に強化をしたいのかを明確にして、それにつながる取り組みを継続することが必要です。

せっかく競技力を向上させるためにスポーツ心理の知識やメンタルトレーニングに興味を持っても、取り組みを習慣化しなければ心をコントロールする力は身につきません。

本書に掲載している内容は、習慣を変えるための手掛かりになるはずです。

考え方、目的と目標の設定、イメージの持ち方、行動など、何かを変える決意をして、それを継続することが心の成長につながります。

内容を把握した上で、自分にとって必要だと感じる取り組みを継続して欲しいと思います。

強い選手は心への関心が高い

これまでアスリートのメンタルサポートを行ってきた中で感じていることは、強い選手は心に対する関心が高いということです。

もともと心に対する関心の高い選手は、コーチングやメンタルトレーニングを競技力の向上に活かすのが速く、次にメンタルサポートを受けたことで心への関心が高まった選手も競技力の向上が見られます。

心への関心が高いアスリートは、心の知識やメンタルトレーニングの方法を伝えた時に早く理解しているという印象があります。

また、感性が鋭い、洞察力が高いという特徴もあり、そのような特徴が自分の競技力を高める上でも、試合をする上でも活かされているからこそ、試合で良い結果を残せているのかもしれません。

私が長年サポートを続けている東洋大姫路高校の剣道部でも、メンタルに関する話をした時に真剣に話を聴いている選手は、試合での成績も良くなり、剣道の質も向上しているように感じます。高校生の場合は、チーム内でもスポーツ心理の知識への興味への個人差は大きいのですが、実力が向上する選手は心理的なことだけでなく、競技自体への関心や成長意欲も高いと言えます。

実業団の野球部やソフトボール部は、職業として競技を続けることができている選ばれた選手の集まりなので、心理的な知識を学ぶ姿勢が学生よりも真剣で探求心の強い人も多いです。個人コーチングを行った時も、自分の課題やチームの課題への自覚も強いと感じました。

また、私が二〇一六年からサポートを続けている寺田明日香選手は、メンタルコントロールの方法を知識として学ぶ前から、感覚的に身につけていました。

話を聴いていると〝こうあるべき〟という理想論に囚われることなく、自分の感覚を手掛かりに最適な選択をしていると感じました。

自分の心や身体から伝わるサインを見逃さずに、より力の発揮できる状態を探求する意識が強い選手です。

寺田選手が一〇代の頃から自然と取り組んでいた習慣の中にもメンタル強化につながるものがありました。

この最後の章では、心を鍛えるための習慣について説明しました。

メンタル面に課題があると感じている人、競技力を向上させるためのメンタル面の強化に取り組みたいと思っている方は、スキルやフィジカルを強化する習慣と同じように、メンタル面を向上させる習慣を競技生活の中に取り入れて頂きたいと思います。

メンタルを強化する習慣が定着することによって、競技に対する考え方にも幅が出てくると思います。

それがパフォーマンスを向上させるための発想の豊かさや工夫につながります。

スポーツのパフォーマンスをスキルやフィジカルという観点だけでなく、メンタルという観点も含めて追及することは、スポーツをする時間の充実にもつながると思っています。

メンタルの強化は、スキルやフィジカルの強化に比べると手応えが感じにくいので継続できなくなってしまう人も多いのですが、知識を増やす、認知を変える、行動を変える、トレーニングを習慣化するなど、さまざまな方法が有効なので、本書を読んだことをきっかけにできることから取り組んで頂ければと思います。

また、アスリートとしてさらなる向上を目指すためにコーチングやメンタルトレーニングを受けてみたいと思った方は、連絡を頂ければと思います。

さいごに

本書を最後までお読み頂きありがとうございます。

スポーツを通じて勝敗を競うこと、競技力の向上を目指すこと自体に心が成長する要素があります。

スポーツをすることは、身体だけでなく心を鍛えることのできる機会です。

だからこそ、メンタル面に関しても関心を高め、課題を持って頂きたいと思っています。

そうすることでスポーツを通じてより大きく心を成長させることができるはずです。

スポーツによって鍛えた体や身につけた技術は、競技から離れると維持することが難しく、競技以外で活かす機会も少ないですが、心の力に関しては仕事でも子育てなどでも自分を支えてくれます。

アスリートがメンタル強化に取り組むことは、競技力の向上だけでなく、人生を豊かにすることにもつながるので、多くの競技でメンタル強化の取り組みが浸透して欲しいと願っています。

子供から大人まで、趣味や仕事など、年齢や環境を問わなければ、スポーツをしている人はたくさんいます。

私は、スポーツ界で心の成長に関しても専門家のサポートを受けるという事例が増えることは、自分の人生を豊かにしていく心の力を高める人が増えることにつながると考えています。

そのため、私のメンタルトレーナーとしての役割は、競技力の向上のサポートだけでなく、アスリートが競技生活はもちろん、引退後の生活も含めた人生を豊かに生きる力を身につけるためのサポートを行うことだと思っています。

本書もスポーツに関わる多くの人に読んで頂くことで、競技のためのメンタルコントロールだけでなく、人生をより良く生きるためのメンタルコントロールの力を身につけるきっかけにして頂ければ嬉しく思います。

参考文献

小此木 啓吾 , 大野 裕 , 深津 千賀子（2004）『心の臨床家のための精神医学ハンドブック』創元社 .

吉田 脩二（1991）『思春期・こころの病 —— その病理を読み解く』高文研 .

理化学研究所脳科学総合研究センター（2015）『つながる脳科学 「心のしくみ」に迫る脳研究の最前線』講談社 .

池谷 裕二（2015）『大人のための図鑑 脳と心のしくみ』新星出版社 .

池谷 裕二（2012）『脳には妙なクセがある』扶桑社 .

林 成之（2018）『脳が認める最強の集中力 最新脳科学が教える自分を劇的に変える習慣』SB クリエイティブ .

林 成之（2006）『〈勝負脳〉の鍛え方』講談社 .

ボー・ロット（2017）『脳は「ものの見方」で進化する』桜田直美訳 , サンマーク出版 .

衣川 竜也　きぬがわ たつなり

兵庫県氷上郡出身（現 丹波市）。

カウンセリング、コーチング、企業の人材育成を手掛ける。

株式会社AXIAの代表取締役。

メンタルトレーナーとしては、実力の発揮、不調やイップスの克服などに関するアスリートからの相談を受けていて、様々な競技の世界大会の出場者、プロアスリートのサポートも行っている。

スポーツチームのサポートは、これまでに実業団の野球チーム、ソフトボールチームを担当した。

また2016年から母校の東洋大姫路高校剣道部のサポートを継続している。

実力を発揮するためのスポーツメンタル実践法

2021 年 2 月 26 日　初版発行

著　者　　衣川 竜也

発行所　　株式会社　三恵社
〒462-0056 愛知県名古屋市北区中丸町 2-24-1
TEL 052-915-5211　FAX 052-915-5019
URL https://www.sankeisha.com

ISBN 978-4-86693-371-9